COLLECTION MARTELLI

DE FLORENCE

ESTAMPES ANCIENNES

ET MODERNES

Troisième Partie

AVRIL 1858

CATALOGUE

DE LA COLLECTION

D'ESTAMPES

ANCIENNES & MODERNES

DES

ÉCOLES ALLEMANDE, FLAMANDE, HOLLANDAISE, ITALIENNE ET FRANÇAISE

Du cabinet de M. MARTELLI, de Florence

DONT LA VENTE AURA LIEU

HOTEL DES COMMISSAIRES-PRISEURS

RUE DROUOT, N° 5

SALLE N° 3, AU 1er

Les Lundi 19 Avril et jours suivants, à une heure,

Par le ministère de Me **DELBERGUE-CORMONT**, Commiss.-Priseur,
Rue de Provence, 8.

Assisté de M. **CLÉMENT**, Marchand d'Estampes, 3, rue des Saints-Pères,
Chez lesquels se distribue le présent Catalogue.

EXPOSITION PUBLIQUE

Le Dimanche 18 Avril 1858, de midi à 4 heures.

PARIS

RENOU & MAULDE

IMPRIMEURS DE LA COMPAGNIE DES COMMISSAIRES-PRISEURS
rue de Rivoli, 144.

1858

AVERTISSEMENT

La vente aura lieu au comptant.

Il sera perçu cinq pour cent en sus des enchères.

Les lots pourront être divisés.

M. Clément se charge des commissions qui lui seront adressées.

ORDRE DES VACATIONS

Lundi 19 Avril. Les numéros   1 à 150

Mardi 20   151 à 300

Mercredi 21   301 à 450

Jeudi 22   450 à 604

Sous le nº 605 il sera vendu au commencement de chaque vacation des lots d'estampes non cataloguées.

DÉSIGNATION

DES ESTAMPES

PORTRAITS DE DIFFÉRENTES ÉCOLES

1 Louis XV et autres personnages célèbres, par divers graveurs. 11 p.

2 Le duc d'Enghien, etc., par Rousselet. 2 p.

3 Pierre Séguier; le président Maisons, par G. Mellan. 4 p.

4 Piazzetta; Pitteri; Bartolozzi, par Pitteri et autres. 9 p.

5 Montesquieu; Marguerite Becaille, etc., 10 p.

6 Louis XIII; Strozzi; Érasme, etc., par Mellan, Vosterman et autres. 24 p.

7 François de Gondy, archevêque de Paris, etc. 14 p.

8 Giovanelli, patriarche de Venise et autres portraits italiens. 8 p.

9 Portraits de divers procurateurs de Venise. 12 p.

10 Portraits des archevêques et évêques de Toscane réunis en assemblée en 1787. 20 p.

11 Nicolas Delaunay; Jules de Lionne, par Chereau. 4 p.

12 Nicolas Chapelain; Hugues de Lionne, etc., par Nanteuil. 5 p.

13 Jean de Troy; Jean Jouvenet, etc., par Simon Vallée. 3 p.

14 Colbert, etc., par Poilly. 3 p.

15 Le cardinal Richelieu, etc., par Mellan. 4 p.

16 Les ducs de Savoie, etc. 20 p.

17 Portrait de R. Morghen, sujets allégoriques, etc. 8 p.

18 Le cardinal Bentivoglio, etc., par Mellan. 5 p.

19 Portraits de souverains, dont Pierre-le-Grand. 6 p.

19 *bis* Riquet, César de Vendôme et le marquis de Thil, par Trouvain, etc. 3 p.

20 Portraits de personnages illustres, dont un portrait équestre d'après Reynolds. 20 p.

21 Portraits de souverains, dont la famille de Léopold. 28 p.

22 Portraits divers, dont le grand Frédéric. 40 p.

23 Portraits de divers personnages, dont celui d'Howard. 16 p.

24 Portraits de divers personnages, dont François Sarrazin. 65 p.

25 Portraits de rois, empereurs, etc., par divers artistes. 55 p.

26 Personnages célèbres français et étrangers, par Moncornet. 71 p.

27 Portraits français, dont Louis XV. 9 p.

28 Portraits de personnages illustres, dont Ferdinand, prince d'Étrurie. 40 p.

29 Portraits de personnages illustres, dont le prince de Kaunitz. 48 p.

30 Portraits de personnages célèbres. 16 p.

31 Portraits d'artistes, dont Raphaël. 9 p.

32 Benvenuto Cellini ; Cosme de Médicis, etc., gravés par Jesi, Perfetti, etc. 4 p.

32 *bis* Portraits de personnages célèbres, par N. Ponce. 18 p.

33 Portraits d'empereurs romains, par Moncornet, etc. 28 p.

34 Portraits des empereurs d'Allemagne, par C. Visscher. 41 p.

35 Portraits des empereurs d'Allemagne, par Suyderoef. 20 p.

36 Portraits divers, dont le duc de Bourgogne. 7 p.

37 Portrait de Philippe IV, roi d'Espagne, d'après Velasquez, et portraits d'amiraux hollandais, etc. 7 p.

38 Portraits de personnages célèbres, d'après le Titien, dont l'Arétin. 12 p.

39 Portraits de papes. 13 p.

40 Portraits de rois et reines, dont Marie Tudor. 22 p.

41 Portraits de philosophes de l'antiquité, d'après Rubens, et divers portraits d'après Rembrandt. 47 p.

42 Portraits de personnages anglais, dont la duchesse d'Hamilton. 8 p.

43 Portraits de personnages anglais, dont celui de Pitt. 8 p.

44 Portraits de personnages illustres français, par Moncornet, etc. 40 p.

45 Portraits des rois de France, par Boisseau. 64 p.

46 Le Collége électoral, par Moncornet, composé de portraits de tous les pays. 69 p.

47 Marc Foscarini, duc de Venise, et autres doges de Venise. 5 p,

48 Portrait de Mme de la Tour, Reynolds, etc., par Surugue, Earlem et autres. 8 p.

49 Le cardinal de Bernis ; le cardinal de Luynes, etc. 8 p.

50 Louis XIV ; le duc d'Orléans, etc., par Poilly. 6 p.

51 Le cardinal Polignac, etc., par Chereau. 4 p.

52 Frère Blaise Feuillan ; Machiavel, etc. 11 p.

53 Nicolas Esterhazi ; Spinola, etc. 10 p.

54 Louis XIV ; l'archevêque de Boulogne, par Pitau et autres. 4 p.

55 Diverses têtes coupées dans des portraits de Nanteuil.

Ce lot est très-curieux pour un graveur ; plusieurs de ces morceaux sont non terminés. 26 p.

56 Michel Lemale, etc., par Lenfant. 3 p.

57 Claire Eugénie et autres. 15 p.

58 Louis XIV et autres. 6 p.

59 Ch. Lebrun et autres. 5 p.

60 Portraits étrangers. Lord Mansfield et autres. 28 p.

61 Crispin, Descartes et autres. 10 p.

62 Le duc d'Orléans, régent, et autres. 5 portr.

62 *bis*. Portraits de femme, d'après Rigaud, par Vallée. 3 p.

63 Portraits de peintres, sculpteurs et architectes, gravés sur bois en 1619, pour la *Vie des Peintres* de Vasari.

64 Théodore de Nesmont, par Lenfant, etc. 4 p.

65 Cosme III d'Étrurie, etc., par Lenfant. 3 p.

66 Charles Patin et l'électeur de Brandebourg, par A. Masson. 2 p. Belles épr.

67 Le marquis de Louvois; le chancelier Claude Housat, par Masson. 2 p.

68 Brisacier; François Pallu; André Le Nôtre, par A. Masson. 3 p.

69 Antoine Masson, graveur; la duchesse de Lorraine; Pierre Dupuis, par Antoine Masson. 3 p.

70 Rollin (Charles), gravé par Balechou, d'après Coypel. Belle épr.

71 Raphaël; Lucas de Leyde; la Rosalba, etc., par divers. 8 p.

72 Portraits des peintres Holbein, Tempeste, Nicolas Poussin, Charles Maratte, etc., par divers. 11 p.

73 Guillaume Coustou; Simon Guillain, etc., par Surughe, etc. 4 p.

74 Teniers (David); Carrache; le Bernin, par Vosterman, etc. 4 p.

75 Les Archiducs d'Autriche, par Soutman. 14 p.

76 Améric Vespuce; le Dante, etc. 14 p.

77 Winkelman; Boccace; Frederick de Prusse, etc. 12 p.

78 Élisabeth de Gouy et autres. 4 p

79 Portraits anglais, d'après Reynolds. 6 p.

80 Le comte de Saint-Florentin, par Willé, et portrait de Louis XVI, par Muller. 2 p.

81 Portrait de Bonaparte, premier consul. 7 p.

ÉCOLE ALLEMANDE

82 **Aldortfer**. Bois, dont la Passion. 41 p.
83 **Aldegraver.** Sujets divers. 18 p.
84 — Les Travaux d'Hercule, etc. 28 p.
85 — Divers sujets. 41 p.
86 **Burgmair** (Hans). Gravures en bois. 9 p.
87 **Cranach** (L.). Gravures en bois. Adam et Éve, etc. 8 p.
88 **Dietricy**. Les Offres réciproques, etc. 18 p.
89 **Goudt** (le comte). Une partie de son œuvre et autres sujets, par divers artistes. 35 p.
90 **Holbein** (Hans). La Vierge de Dresde, etc. 100 p. environ.
91 **Hopfer** (les). Le Christ en croix, etc. 70 p.
92 **Le Maître** (J.-B.). Frises. 14 p.
93 **Kauffman** (Angelica). Andromaque, etc. 79 p.
94 **Kobell** et autres. Paysages. 48 p.
95 **Penez** (G.). Les Triomphes, etc. 19 p.
96 **Ridinger**. Animaux. 10 p.
97 **Rottenhamer**. La Vierge, etc. 44 p.

ÉCOLE ANGLAISE

98 La famille de B. West, etc. 38 p.
99 Cris de Londres. 36 p.
100 **Woollett**. Paysages et autres pièces, par divers. 22 p.

ÉCOLE ESPAGNOLE

101 **Ribeira**. Sujets religieux et autres. 15 p.

102 **Murillo**. La Conception et autres. 11 p.

ÉCOLE FRANÇAISE

103 **Bellange**. Le Christ portant sa croix et autres. 5 p.

104 **Belle** (Étienne de la). Animaux, etc. 70 p.

105 — Ornements, etc. 57 p.

106 — Cavaliers polonais. 12 p.

107 — Jeux de cartes. 67 p.

108 — Chasse, etc. 35 p.

109 — Siéges, etc. 58 p.

110 — Paysages, etc. 90 pièces.

111 — Le Pont-Neuf, etc. 55 p.

112 — **Boucher** (D'après). Les Délices de l'Automne; la belle Villageoise et autres. Belles épr. 8 p.

113 **Bourdon**. Les Œuvres de miséricorde. 7 p.

114 — Eaux-fortes et sujets d'après lui. 23 p.

115 **Bourguignon** et autres. Batailles, etc. 21 p.

116 **Brebiette**. Saint Antoine, etc. 10 p.

117 **Callot** (Jacques). La grande Foire de Florence, etc., 50 p.

118 — Les Caprices, etc. 120 p.

119 — Les Gueux; les Entrées, etc. 59 p.

120 — Les Misères de la guerre, etc. 27 p.

121 — Les Édifices de la Terre-Sainte, etc. 36 p.

122 **Callot** (Par et d'après). Le Massacre des Innocents. 71 p.

123 — La petite Passion ; Saints, etc. 81 p.

124 **Canot**. Le Souhait de bonne année, etc. 5 p.

125 **Champagne** (Philippe). Moïse, etc. 8 p.

126 **Charpentier** et autres. Descente de croix,
etc., 30 p.

127 **Cochin**, **Dumesnil** et autres. Le Prêtre du ca-
téchisme et autres. 17 p.

128 **Courtin**. Têtes de femmes gracieuses ; le Jeu de
Bilboquet, etc. 8 p.

129 **Coypel**. Esther et Assuerus, etc. 11 p.

130 — Vénus sur les eaux. 7 p.

131 — Histoire de Don Quichotte. 24 p. Belles.

131 *bis* **Delaune** (Étienne). Sujets de la Bible et
autres. 9 petites p. Sup. ép.

132 **Demarteau**. Académies et têtes d'études au
crayon rouge. 27 p.

133 **Denon** et autres. Paysages. 32 p.

134 **Desforges**. Moïse frappant le rocher, etc. 17 p.

135 **Francisque** et autres. 27 p.

136 **Gelée** (Claude), dit le Lorrain. Paysage. 23 p.

137 **Greuze**. La petite fille au chien, etc. 6 p.

138 **Jeaurat**. Le Négociant et autres. 7 p.

139 **Janinet**. Portrait de Huet ; Sujets divers. Imita-
tion du crayon. 7 p.

140 **Jouvenet** (Jean). Adoration des Mages, etc.
10 p.

141 **Lebrun** (Charles). Plafonds de l'église de
Sceaux, etc. 15 p.

142 — Le *Benedicite*; Sujets de sainteté, etc. 15 p.

143 — Saint Louis; Saint Charles, etc 20 p.

144 **Leclerc** (Sébastien). Le Triomphe de Mardochée, etc. 14 p.

145 **Lemoine**. La Psyché, etc. 7 p.

146 **Le Nain**. La Ferme hollandaise, etc. 19 p.

147 **Le Prince**. Les trois Grâces; le Corps de garde; le Modèle honnête et autres. 10 p. Belles.

148 **Le Prince, Pillement** et autres. Paysages. 32 p.

149 **Lesueur**. Les Muses et autres. 27 p.

150 — Martyre de saint Laurent, etc. 10 p.

151 — Saint Bruno enlevé au ciel. 25 p.

152 **Loir** (N.). Diane et Endymion, etc. 16 p.

153 **Mellan** (Cl.). Adam et Ève, etc. 11 p.

154 **Mignard** (Pierre). Les quatre Saisons, plafonds, etc. 16 p.

155 **Moreau** et **Debucourt**. Le Villageois entreprenant, et les Commères. 2 p.

156 **Natoire**. Les amours des Dieux et autres. 9 p.

157 **Nattier**. Mesdames de France sous la figure des quatre Eléments. 4 p.

158 **Pecheux** (L.). Enlèvement de Déjanire et sujets divers. 41 p.

159 **Perrelle**. Paysages divers. 198 p. environ.

160 **Picart** (Bernard). Costumes holland.. etc. 39 p.

161 **Potre** (Le). Sujets historiques, trophées, alcôves, etc. 52 p.

162 — Vases différents. 48 p.

163 — Panneaux, frises et serrures, etc. 73 p.

164 **Poussin** (Nicolas). Sujets religieux et autres. 12 p.

165 — Paysages et sujets de sainteté. 14 p.

166 — Le Baptême, etc. 11 p.

167 — Les sept Sacrements, etc. 15 p.

168 — L'Enlèvement des Sabines, etc. 15 p.

169 — Les travaux d'Hercule. 26 p.

170 **Rigaud** (J.). Réception des chevaliers du Saint-Esprit, etc. 18 p

171 **Silvestre** et **Perrelle**. Vues de Versailles et autres. 18 p.

172 **Testelin**. Frises et triomphe de Bacchus. 10 p.

173 **Troy** (De). La Vie de saint Vincent de Paul. 12 p.

174 — Sujets religieux 12 p.

175 — La naissance de Vénus et autres. 15 p.

176 Tapisseries du duc d'Orléans. 10 p.

177 **Vandermeulen**. Paysages. 67 p.

178 **Vanloo**. L'Amour menaçant ; Renaud et Armide, et autres. 14 p.

179 **Vernet** (Joseph). Vues de ports de mer. 11 p.

180 — Les ports de France. 14 p.

181 — Leclerc et autres. Paysages et marines. 20 p.

182 **Vien** (Joseph). La Marchande d'amours, etc. 12 p.

183 **Vleughes**. Loth et ses filles, etc. 15 p.

184 **Vouet**. Sujets religieux et mythologiques. 26 p.

185 — Sujets religieux, etc. 56 p.

186 — Sujets religieux et autres. 47 p.

187 **Watteau**. Recrues allant rejoindre le régiment, etc. 8 p.

ÉCOLE FLAMANDE

188 **Avond** (Pierre). Sujets d'enfants, par W. Hollar, etc. 16 p.

189 **Berknaus** (Mathieu). Le Souvenir du temps passé, etc., par Basan et autres. 8 p.

190. **Breugels**. La Querelle des paysans, etc., par Vosterman et autres. 6 p.

191 **Collaert**. Vie de saint Jean, gravé par lui-même. 16 p.

192 — Sujets de l'Ancien Testament, par Sadeler et autres. 9 p.

193 — Figures de Saints, etc. 25 p.

194 **Dyck** (Van). L'Ecce Homo, eau-forte, par lui-même, et quatre sujets de Vierges. 5 p.

195 — Ecce Homo, Christ à la colonne, etc., par Bolswert, etc. 5 p.

196 — Portraits des Apôtres, par Van Caukerken. 14 p.

197 — Le Christ mort sur les genoux de la Vierge. Deux compositions différentes, par Schelte à Bolswert et Vosterman. 2 p.

198 — Christ portant sa croix; Christ en croix, etc., par Shelte à Bolswert. 4 p.

199 — Sainte Famille, par Shelte à Bolswert. Très-belle épreuve avec l'adresse de Gillis Hendricx.

200 — Renaud et Armide, Silène, etc., par P. de Jode, etc. 3 p.

201 — L'Enfant Jésus, saint Augustin, etc. La première pièce gravée par Strange, 4 p.

202 **Falens** (Van). Rendez-vous de chasse, etc., par Lebas et autres. 7 p.

203 **Galle** (Philippe). Sujets de sainteté par lui-même. 15 p.

204 **Hondius** (Abraham). Chasse au sanglier, etc., par divers. 9 p.

205 **Jordaens** (Jacob). L'Adoration des bergers; Suzanne et les vieillards, par P. de Jode. 2 p. Belles ép.

206 — Le Christ en croix, etc., par divers. 5 p.

207 — Saint Martin de Tours; le martyre de sainte Justine, par P. de Jode et Marinus. 2 p.

208 — Mercure et Argus; Pan jouant de la flûte, etc., par Shelte à Bolswert. 4 p.

209 — Le Satyre et sa famille, etc., par Vosterman et autres. 4 p.

210 — Le Roi boit, par Pontius; le Concert, par Shelte à Bolswert, etc. 3 p.

211 **Mol** (Pierre Van). Saint Jean-Baptiste, etc., par divers. 17 p.

212 **Molenaer** (Corneille). La Rixe des paysans, par Sadeler et autres. 7 p.

213 **Morelli**. La Bourse d'Amsterdam. 4 p.

214 **Obstal** (Van). Sujets allégoriques, gravés par J. Le Potre et Ferdinand. 10 p.

215 **Palamèdes** (Étienne). Le Festin espagnol, etc., par Lempereur et autres. 5 p.

216 **Rubens** (Pierre-Paul). Jugement dernier. Compositions différentes, par Soutman, etc. 5 p.

217 — L'Adoration des Rois. Compositions différentes, par Vosterman, etc. 3 p.

218 — Nativité. Deux compositions différentes, et le Mariage de la Vierge, par Vosterman, etc. 3 p.

219 — La Descente de croix; Jésus-Christ au tombeau, etc., par Vosterman et autres. 4 p.

220 — Ascension; les disciples d'Emaüs, par Bolswert et autres. 5 p.

221 — Assomption, compositions différentes, par Ragot. 2 p.

222 — Assomption, compositions différentes, par Bolswert, etc. 3 p.

223 — Ste Catherine, Ste Cécile, St François, etc., par Bolswert, etc. 6 p.

224 — L'Adoration des Rois; l'Adoration des Bergers, par Bolswert. 2 p. Belles épr.

225 — La Fuite en Egypte; Sainte Famille, etc., par Vosterman et autres. 4 p.

226 — Saintes Familles; sujets de Vierge, par Bolswert et autres. 5 p.

227 — Le denier de César, sujets de Vierge, par Vosterman. 4 p. Très-belles épr.

228 — Christ présenté au peuple; la Cène, etc., par Bolswert et autres. 4 p.

229 — Le Jugement dernier; les Docteurs de l'Église, par Suyderoef et autres. 5 p.

230 — Christ en croix, Christ descendu de la croix, Vierge, etc., par Pontius et autres. 5 p.

231 — L'Adoration des Rois, l'Adoration des Bergers, par Bolswert et autres. 4 p.

232 — Les portraits de saint Pepin, duc de Brabant et divers autres sujets, par V. Steen, etc. 7 p.

233 — Le Jardin d'amour ; Silène, etc.; par Lempereur et autres. 5 p.

234 — Le Jugement dernier ; Sénèque ; Silène, etc.; par C. Vischer et autres. 6 p.

235 — Thomiris, Saül, etc.; par Pontius. 3 p.

236 — St François prêchant aux Indes, St Ignace, St Roch, par Marinus et Pontius. 3 p.

237 — Le Sacrifice d'Abraham, etc., par C. Galle, Bolswert. 4 p.

238 — Le Serpent d'airain, le Jugement de Salomon, etc., par Bolswert. 3 p.

239 — Samson et Dalila, Judith et Holopherne, figures de saints, etc., par Bolswert, etc. 9 p.

240 — Chasses au lion, au tigre, etc., par Bolswert, 8 p.

241 — Assemblée des Dieux, la Charité, etc., par P. Pontius, etc. 6 p.

242 — Mars et Vénus, l'Enlèvement des Sabines, etc., par Soutman, etc. 5 p.

243 — Sujets de Silène, etc., par Soutman, etc. 6 p.

244 **Sadeler**. La Création du monde. 8 p. compris le titre.

245 — Sujets de sainteté, dont la sainte Trinité, gravé par lui-même. 7 p.

246 **Seghers** (Gérard). La Madeleine, Sainte Cécile, par Vosterman et autres. 7 p.

247 **Schut** (Corneille). Sujets de Vierge, par lui-même. 25 p.

248 **Spranger** (Barthélemy). Sujets allégoriques et de sainteté, par J. Muller et autres. 8 p.

249 — Sujets de sainteté, par Sadeler et autres. 18 p.

250 **Stradan**. Atelier de sculpteur, sujets de chasses et de chevaux, par C. Cort, J. Wierix, etc. 30 p.

251 — Sujets de la famille des Médicis, etc., par Philippe Galle. 34 p.

252 Sujets allégoriques et empereurs romains, par Collaert, etc 16 p.

253 — Sujets du Nouveau Testament et profanes, par Sadeler et autres. 35 p.

254 **Téniers** (David). Téniers et sa famille. Fêtes flamandes, etc., par Lebas et autres. 5 p.

255 — Les Accords flamands, Lendemain de noces, par Lebas. 8 p.

256 — La Cuisine de Téniers, le Jeu de quilles, etc., par Laurent et autres. 14 p.

257 — Les Joueurs de cartes, Arrivée au Sabbat, etc., par Basan et autres. 10 p.

258 — Les quatre Saisons, les quatre Éléments, etc., par Lebas, etc. 17 p.

259 — Tentation de saint Antoine, les Œuvres de miséricorde, etc., par Lebas et autres. 5 p.

260 — Le Chimiste, etc., par Lebas et autres. 5 p.

261 **Thulden** (Théodore Van). Eaux-fortes, par lui-même, etc. 11 p.

262 **Vos** (Martin de). Les sept Arts libéraux et sujets du Nouveau Testament, par Sadeler. 15 p.

263 — Vie de saint Jean-Baptiste, par J. de Weert. 22 p.

264 — Sujets de sainteté, dont la Descente de croix, par Sadeler. 17 p.

265 — Les Saisons, les Planètes, etc., par Sadeler. 24 p.

266 — La Science du bien et du mal, par **J.** Wierix et autres. 19 p.

267 — Les quatre Saisons et les quatre Heures du jour, par C. de Passe. 8 p.

268 — Les sept Péchés mortels et les Vertus, par C. de Passe et Sadeler. 12 p.

269 — Les Vertus théologales, par C. de Passe et Cock. 11 p.

270 — Les Anachorètes, par Sadeler. 53 p.

271 — Les Anachorètes, par C. Galle. 23 p.

272 — Les Anachorètes, par Sadeler. 33 p.

273 — La Science du bien et du mal, par Sadeler. 24 p.

274 — La Vie de David, par Sadeler. 16 p.

275 — Sujets de l'Ancien Testament, par Crispin de Passe. 6 p. d'une charmante exécution.

276 — Sujets de sainteté, par Sadeler et Crispin de Passe. 18 p.

277 — Sujets de sainteté, etc., par Sadeler. 12 p.

278 — Sujets pour l'Ancien et le Nouveau Testament, par Sadeler. 30 p.

279 — Les Apôtres, par **J.** Wierix. 14 p.

280 — **Waël** (Jean-Baptiste de). Sujets Villageois. Eaux-fortes, par lui-même. 14 p.

281 **Wenius** (Otto). Vie de saint Thomas d'Aquin, sujets pour l'Arioste. 33 p.

282 **Winkboom** (David). Le Triomphe de la Mort, par Boèce à Bolswert; la Conversation espagnole, par Shelte à Bolswert. 2 p. Belles épr.

283 — Sujets de sainteté, Sibylles, etc. 45 p.

284 — Divers sujets de saints. 26 p

ÉCOLE HOLLANDAISE

285 **Béga** (Corneille). Eaux fortes et sujets d'après lui. 14 p.

286 **Berghem**. Animaux et paysages. 45 p.

287 **Bleker**. Abraham et l'Ange. Très-belle eau-forte rare.

288 **Bloemart** (A.). Cérès, portrait d'évêque, saints. 40 p.

289 **Brawer, Bloemart**, etc., Sujets de la Bible, etc. 37 p.

290 **Bruyn** (Nicolas de). Sujets de la Bible. 7 p.

291 — Sujets de la Passion, etc. 10 p.

292 — Sujets de sainteté et de mythologie. 10 pièces.

293 — Sujets de la Bible. 7 p.

294 **Bye** (Marc de). Animaux. 78 p.

295 **Crispin de Passe, Sadeler**, etc. 34 p.

296 **Dow** (Gérard). La Ménagère hollandaise et la Cuisinière hollandaise, gravé par Wille. 2 p.

297 Lá Devideuse et la Liseuse, gravé par Wille. 2 p.

298 **Ghein** (Jacques de). Exercices pour l'arquebuse et la pique. 141 p.

299 **Goltzius** (Henri). Le portrait du jeune Frisius, dit le Chien de Goltzius, etc. 2 p.

300 **Goltzius**, dont les Amours des Dieux. 14 p.

301 — Métamorphoses d'Ovide. 36 p.

302 — Le Dragon dévorant les compagnons de Cadmus, figures de guerriers, etc. 6 p.

303 **Goltzius** et **Saenradam.** Repas de seigneurs, pièces allégoriques, etc. 8 p.

304 — Sujets de Mythologie, etc. 16 p.

305 — Sujets de sainteté et de la Bible. 13 p.

306 **Hemskerke** (D'après). Sujets de la Bible. 15 p.

307 **Hauel** (VAN). Femme jouant de la flûte; les Quatre Saisons et la Cuisinière. 13 p.

308 **Lucas de Leyde.** Adam et Ève. (B. 7, 8, 9, 11, 13), plus 1 copie. 6 p.

309 — Loth et ses filles; Caïn. (B. 14, 16), plus une copie. 13 p.

310 — Abraham et les Anges. (B. 15.)

311 — Histoire de Joseph et Agar. (B. 18, 19, 20, 21, 22, 23.) 6 p.

312 — David jouant de la harpe devant Saül. (B. 27.)

313 — Salomon recevant la reine de Saba, etc. (B. 26, 29, 31.) 3 p.

314 — Salomon adorant les idoles; le Baptême. (B. 30, 40.) 2 p.

315 — L'Annonciation. (B. 34, 35, 36), plus une copie. 4 p.

316 — Adoration des Mages. (B. 37), plus une copie. 2 p.

317 — La Résurrection de Lazare et Jésus tenté par le Démon. 41, 42, B. 2 p.

318 — La Passion, suite complète, copiée par Muller. (B. 43 à 56.) 14 p.

319 — Jésus présenté au peuple et les trois croix. 71, 74, B. 2 p.

320 — Couronnement d'épines, etc. (B. 68, 69, 70, 72, 73, 75), plus 2 copies. 8 p.

321 — Sujets de Vierges et l'Enfant prodigue. (B. 76, 78, 79, 81, 82, 83), plus une copie. 7 p.

322 — La suite des Apôtres. (B. 86 à 99), plus les copies. 24 p.

323 — Mahomet et les Quatre Évangélistes. (B. 100, 101, 102, 103, 126.) 5 p.

324 — Saint Jérôme, saint Pierre et saint Paul, etc. (B. 105, 106, 108, 109, 110, 111, 112, 113, 114), plus trois copies). 12 pièces.

325 — La Conversion de saint Paul et la Danse de la Magdeleine. (B. 107, 122.) 2 p.

326 — Saint Antoine; la Magdeleine, etc. (B. 115, 116, 120, 123, 125). 5 p.

327 — La Tentation de saint Antoine, etc. (B. 117, 118, 119, 124), plus deux copies. 6 p.

328 — Les Sept Vertus (B. 127 à 133). 7 p.

329 — La Petite Laitière; la Promenade; l'Enseigne. (B. 140, 142, 143, 144, 145, 146, 148, 150, 151, 153, 154, 158), plus quatre copies. 16 pièces.

330 — Judith et Holopherne; saint Jean, etc. 8 p.

331 — Divers sujets dont Suzanne et les Vieillards. 11 p.

332 **Metzu** (d'après), dont le Marché aux herbes. 5 pièces.

333 **Mieris** (Van), **Terburg**. La Tricoteuse hollandaise; l'Ouvrière en dentelles, etc., par Wille et autres. 7 p.

334 **Muller** (Jean). Loth et ses filles, etc.; plus la prise de la ville de Narde, par R. de Hooghe. 4 p.

335 **Ostade** (Adrien Van). Eaux-fortes, par lui-même, dont la Famille, etc. (B. 46). 8 pièces; belles épreuves.

336 — Le Bal; les Musiciens ambulants, etc., par Suyderoef et C. Visscher. 5 p.

337 — Les Commères; le Coup de couteau, etc., par Suyderoef et Visscher. 7 p.

338 — Le Tatonneur et les Joueurs de Moof, par J. Visscher. 2 pièces; belles épreuves.

339 — Le Café hollandais, etc., par Beauvarlet et autres. 3 p.

340 **Rembrandt.** Abraham qui reçoit les trois anges. B. 29. Belle épreuve.

341 — Agar renvoyée par Abraham. B. 30.—Abraham caressant son fils Isaac. B. 33. Belles épreuves.

342 — Abraham avec son fils Isaac. B. 34. Belle épr.

343 — L'Annonciation aux Bergers, etc. (B. 37, 42, 43, 44), plus trois copies. 7 p.

344 — Mardochée promené en triomphe (40). Belle épreuve.

345 — David en prière, etc. (41, 45, 47). 3 p.

346 — Les Vendeurs chassés du Temple, etc. (B. 69, 80, 87, 88), plus 2 copies. 6 p.

347 — Jésus et la Samaritaine, etc. (71, 148, 173, 344). 4 p.

348 — La Descente de croix et l'Ecce Homo. 2 p.

349 — Baptême de l'Eunuque, etc. (B. 98, 105, 113. 3 pièces.

350 — Abraham France (275).—Utemborgardus (279), plus une copie du Bourgmestre six. 3 p.

351 — Le Peseur d'or. B. 281. Belle épreuve, plus deux copies. 3 p.

252 — Vieille femme assise. B. 343.

353 Tête de la mère de Rembrandt regardant en bas. (B. 351.)

354 — Tête de la mère de Rembrandt. (B. 354.)

355 — Griffonnements où se voit la tête de Rembrandt. (B. 363.) Très-belle épreuve.

356 — Griffonnements (365), plus six copies diverses. 7 pièces.

357 — Le Paysage au grand arbre ; le grand Coppenal, etc. 16 p.

358 — La Vierge et l'Enfant Jésus, etc. 11 p.

359 — Les Bourgmestres d'Amsterdam, gravé par Houston ; une Scène du tribunal, gravé par Dunkarton. 2 p. Très-belles épreuves avant la lettre.

360 — Jésus-Christ guérissant les malades, etc. 16 p.

361 — Le Christ sur un bateau ; plus une pièce par Ostade, etc. 13 p.

362 — Portraits de divers personnages. 23 p.

363 — Le Baptême de l'Eunuque et saint Jérôme, par Van Uliet, 2 p. Belles épreuves.

364 **Uliet** (Van). Loth et ses filles, etc. 3 p.

365 — Le Chirurgien, etc. 11 p.

366 **Roos**. Animaux et scènes champêtres. 39 p.

367 **Sadeler**. Les Quatre Saisons ; sujets de sainteté et de mythologie, par divers. 19 p.

368 — Les Empereurs romains, etc. 32 p.

369 **Sadeler, Bloemart et autres**. Divers sujets. 5 pièces.

370 **Saenradam**. Sujets de l'Ancien Testament. 5 p.

371 **Saenradam, Matham**, etc. David tenant la tête de Goliath ; Lion couché ; etc. 26 p.

372 **Steen** (Jean). Contrat de Mariage ; le Jugement de Pâris, d'après Van der Werf, par Blot, etc. 5 p.

373 **Swaneveldt et autres.** Paysages. 38 p.

374 **Terburg** (Van). Diogène méditant, etc. 8 p.

375 — Instruction paternelle, gravé par Wille.

376 **Valk** (G.). Sujets élèves : Jeux d'enfants. 16 p.

377 **Velde** (J. Van de). L'Étoile des Rois, quinze figures représentant les différents goûts de la vie, plus huit petits sujets, par Crispin de Pape. 26 p.

378 — Le Bon Samaritain et divers autres sujets. 18 p.

379 **Visscher** (Corneille). La Fricasseuse, avec l'adresse de Cl. de Joughe, etc. 6 p.

379 *bis* **Waterloo** (Antoine). Grands paysages en largeur. Très-belles épreuves. 2 p.

380 **Wouvermans**. Paysages, sujets de chevaux, etc. 57 p.

380 *bis* Eau-forte par un anonyme de l'école italienne, représentant Alexandre et Diogène (décrit dans le catalogue de Brulliot, 2ᵉ partie, p. 239).

ÉCOLE BOLONAISE

381 **Albane** (l'). Les Quatre Éléments, etc. 16 p.

382 — Le Baptême du Seigneur, etc. 13 p.

383 **Bartolozzi et autres.** Paysages d'après différents maîtres. 26 p.

384 **Bonasone** (Jules). Hercule au jardin des Hespérides, etc. 20 p.

385 **Cantarini**. La Fortune, etc. 12 p.

386 — Agar et Ismaël, etc. 12 p.

387 — Sujets de Vierges, etc. 12 p.

388 **Carrache** (Louis). Sujets allégoriques. 12 p.

389 — Peintures de la coupole de l'église de Plaisance, etc. 16 p.

390 — Peintures de l'église de saint Michel. 20 p.

391 — La Circoncision, etc. 19 p.

392 — Le Christ au Tombeau, etc. 14 p.

392 *bis* **Carrache** (Annibal). Romulus; le portrait de l'auteur, etc. 34 p.

393 — La Magdeleine, etc. 16 p.

394 — Le Christ dans le Jardin des Oliviers, etc. 17 p.

395 — Couronnement de la Vierge, etc. 20 p.

396 — Suzanne et les Vieillards, etc. 14 p.

397 **Carrache** (Augustin). La Communion de saint Jérôme, etc. 11 p.

398 — Sujets de Vierges, etc. 16 p.

399 — Paysages. 57 pièces.

400 **Cignani.** Le portrait du maître et différentes compositions. 12 p.

401 — Joseph et Putiphar, etc. 14 p.

402 **Crespi** (Joseph). L'Adoration des Rois, etc. 17 p.

403 **Curti** (Jérôme). Le Docteur de Bologne, etc. 12 p.

404 **Dominiquin** (le). La Chasse de Diane, etc. 22 p.

405 — La Sibylle de Cumes, etc. 10 p.

406 — Sainte Agnès, etc. 4 pièces.

407 — La Communion de saint Jérôme, etc. 10 p.

408 — Le Christ descendu de la Croix, etc. 12 p.

409 — L'Annonciation, etc. 10 p.

410 — Adam et Ève, etc. 12 p.

411 **Fialetti** (Édouard). Jeux d'amours, etc. 19 p.

412 **Franceschini** (Antoine). Le Sacrement de l'Eucharistie, etc. 12 p.

413 — Peinture du palais Gerini. 19 p.

414 **Guerchin** (le). Hérodiade, etc. 16 p.

415 — Le Mariage de la Vierge, etc. 17 p.

416 — Les Disciples d'Émaüs, etc. 18 p.

417 — Le Christ mort, etc. 18 p.

418 — Martyre de saint Barthélemy, etc. 16 p.

419 — Sujets de sainteté, etc. 52 p.

420 — Martyre de sainte Petronille, etc. 17 p.

421 — Saint Jean, etc. 18 p.

422 — Herminie chez les Bergers, etc. 9 p.

423 — Études d'après ses dessins. 41 p.

424 **Guide** (le). Les Couseuses, etc. 18 p.

425 — Le Char de l'Aurore, etc. 12 p.

426 — Vénus caressant l'Amour, etc. 20 p.

427 — Peintures de la chapelle du Guide. 13 p.

428 — Saint François, etc. 16 p.

429 — Christ en Croix, etc. 10 p.

430 — L'Assomption, etc. 15 p.

431 — La Circoncision, etc. 15 p.

432 — Sujets de Vierges, etc. 14 p.

433 — La Fuite en Egypte, etc. 10 p.

434 — Judith et Holopherne, etc. 14 p.

435 **Primatice** (N.). Sujets de l'école de Fontaine-bleau, etc. 17 p.

436 **Sirani** (André). Eaux-fortes du maître. 12 p.

437 **Tiarini** (Alexandre). La Mort d'Abel, etc. 14 p.

ÉCOLE LOMBARDE

438 Biscaino. Eaux-fortes et compositions par et d'après lui. 31 p.

439 Cambiaso (Lucas). Compositions diverses, etc. 19 p.

440 Castello. Compositions pour le Tasse. 31 p.

441 Castiglione. Compositions diverses, etc. 38 p.

442 Corrége (le). Peintures pour l'église des Bénédictins de Parme. 37 p.

443 — Déposition de la Croix, etc. 18 p.

444 — Le Mariage de sainte Catherine, etc. 21 p.

445 Garofalo. Sainte Vierge adorant l'Enfant Jésus. 20 pièces.

446 Luini. Adoration de l'Enfant Jésus, etc. 24 p.

447 Parmezan (le). Compositions différentes, dont la Vierge. 44 p.

448 Recueil de dessins du comte Sanvital, etc. 41 p.

449 — Le Portement de Croix, etc. 25 p.

450 — Le Christ au Tombeau, etc. 20 p.

451 — Diogène, etc. 34 p.

452 Procacini. La Création d'Ève, etc. 20 p.

453 Schidone. Sainte Famille, etc. 20 p.

ÉCOLE NAPOLITAINE

454 Conca (Sébastien). Vierge couronnée par un ange, etc. 32 p.

455 Jordaens (Luc de). L'Enlèvement des Sabines. 17 p.

456 — Mort de sainte Justine et autres. 20 p.

457 **Salvator Rosa.** Jason, sujets d'histoire, etc. 20 p.

458 — La chute des Géants, gravé par lui-même, etc. 15 p.

459 — Figures de soldats gravées par lui-même. 63 p.

460 **Alberti** (Chérubin) **et autres**. La Justice, etc. 28 p.

461 **Baroche** (Le). La Descente de croix, etc. 20 p.

462 — Le Repos en Egypte, gravure en camaïeu, par Antoine de Trente. Pièce rare.

463 — Sainte Famille, etc. 24 p.

464 **Battoni**. Vénus caressant l'Amour, etc. 20 p.

465 **Canova**. Apollon, etc. 18 p.

466 **Caravage** (Michel-Ange). La Descente au tombeau, etc. 12 p.

467 **Cozza**. La Vierge et les Anges, etc. 24 p.

468 **Forri** (Charles). La Cène, etc. 23 p.

469 — Plafonds et sujets de sainteté, etc. 16 p.

470 **Feti** (Dominique). La Mélancolie, etc. 14 p.

471 **Maratte** (Charles). Vierges et sujets de sainteté, etc. 21 p.

472 — Sainte Famille, etc. 12 p.

473 — Eaux-fortes, par lui-même. 9 p.

474 — Assomption, etc. 20 p.

475 — Sujets de saints, dont saint Pierre, 17 p.

476 — Romulus et Rémus, etc. 21 p.

477 — Portrait du Maître, etc. 18 p.

478 **Lucas Pennis**. La Calomnie, etc. 10 p.

479 **Perugin** (Le). Le Christ au tombeau, etc. 11 p.

480 **Podesta**. Bacchanale, etc. 20 p.

481 **Polidor** (de Caravage). La Nativité, etc. 30 p.
482 — Frises et ornements, etc. 24 p.
483 — Vases et ornements, etc. 18 p.
484 **Raimondi**. La Cassolette ; le Massacre des Innocents. 2 p.
485 — Vierges, etc. 7 p.
486 — Les Grimpeurs, etc. 9 p.
487 — Pandore, etc. 21 p.
488 — Le Martyre de saint Laurent, etc. 3 p.
489 — La Vierge au palmier, etc. 4 p.
490 — Le jeune et vieux Bacchant, etc. 8 p.
491 — La Vierge au berceau, etc. 15 p.
492 — La Vierge au poisson, etc. 9 p.
493 — La Descente de croix, etc. 8 p.
494 — Le Massacre des Innocents. 8 p.
495 — Les douze Apôtres, etc. 15 p.
496 — Alexandre faisant serrer les livres d'Homère. 14 p.
497 — Le Triomphe, etc. 12 p.
498 — Trajan entre la ville de Rome et la Victoire, etc. 6 p.
499 — Hercule au berceau, etc. 7 p.
500 — Le pape Léon X (493 ; le pape Adrien (394); Le pape Paul III (523). 3 p.
501 — Les sept Vertus (386 à 392).
502 — Les Squelettes, etc. 6 p.
503 — La Statue de Marc Aurèle, etc. 10 p.
504 **Vénitien** (Augustin). Le Vieillard dans la roulette d'enfant (400). Belle épreuve.
505 **Raphaël**. (Sanzio). Les Cartons de Raphaël, etc. 32 p.

506 — Le Massacre des Innocents, etc. 31 p.

507 — La Sainte Famille, etc. 24 p.

508 — La Vierge au berceau, etc. 12 p

509 — La Transfiguration, etc. 12 p.

510 — La Sainte Famille, par Edelinck, etc. 6 p.

511 — La Vierge à la chaise, etc. 14 p.

512 — Saint Georges, etc. 16 p.

513 — Les Loges de Raphaël. 59 p.

514 — Histoire du Vieux Testament. 69 p.

515 — Histoire du Vieux Testament. 17 p.

516 — Vision d'Ezéchiel, etc. 20 p.

517 — Dessin pour l'école d'Athènes, etc. 16 p.

518 — Peintures pour la Bibliothèque de Sienne. 10 p.

519 — Peintures. Plafond du Vatican. 18 p.

520 — Peintures pour l'église de Perouse, etc. 20 p.

521 — L'Histoire de Psyché, par le Maître-au-Dé. 33 p.

522 — Assemblée des Dieux, etc. 30 p.

523 — La Bacchanale, etc., par Mantouan, etc. 14 p.

524 — La Danse des Amours, etc. 24 p.

525 **Romain** (Jules). La Nativité, etc. 20 p.

526 — La Danse des Muses, etc. 20 p.

527 — Vénus et Adonis, etc. 18 p.

528 — Peintures au palais de Mantoue. 21 p.

529 **Sacchi** (André). La Mort d'Abel, etc. 31 p.

530 — Sujets de sainteté, etc. 28 p.

531 **Testi**. Portraits du peintre, etc. 31 p.

532 — La Résurrection de N.-S. 31 p.

533 **Villamena**. L'Antiquaire, etc. 27 p.

534 — Sainte Vierge et saint Antoine, etc. 27 p.

535 **Zuccharo**. L'Adoration des Rois, etc. 30 p.

536 — Jésus-Christ au tombeau. 30 p.

ÉCOLE TOSCANE

537 **Bartholomeo** (Fra). Sujets de vierge.

538 **Boscolas**. La Passion, etc. 34 p.

539 **Buonarotti** (Michel-Ange). La Création du monde, etc. 17 p.

540 — Figures nues, etc. 17 p.

541 — Le Jugement dernier, etc. 24 p.

542 — Le Jugement dernier, etc. 14 p.

543 — Léda, etc. 18 p.

544 **Cignagni**. Vierges et sujets de sainteté, etc. 64 p.

545 **Cigoli** (Louis). La Nativité, etc. 20 p.

546 **Cortone** (Pietro de). Martyre de saint Laurent, etc. 29 p.

550 — Plafonds, etc. 26 p.

551 **Cresti** (Dominique). L'Ascension, etc. 41 p.

552 **Dolci** (Carlo). Vierge et Enfant Jésus, etc. 30 p.

553 **Giovanni**. Miracle de saint François, etc. 34 p.

554 **Lippi** (Laurent). Esaü vendant son droit d'aînesse, etc. 23 p.

555 **Londonio**. Scènes champêtres et animaux. 38 p.

556 **Pellegrini**. Les Noces de Cana, etc. 32 p.

557 **Poccetti**. Peintures dans l'église de l'Annunciata à Florence. 24 p.

558 **Riminaldi**. Le Serpent d'airain, etc. 20 p.

559 **Rosso** (Le). Les Trois parques, etc. 22 p.

560 **Sabatelli**. Le Chemin de la croix, etc. 21 p.

561 **Salembeni.** Sainte Cécile, etc. 30 p.

562 **Sarto** (André del). Les Rois Mages, etc. 23 p.

563 — La Vie de saint Jean-Baptiste. 16 p.

564 — La Vierge au trône, etc. 37 p.

565 — L'Annonciation, etc. 15 p.

566 **Tempesta.** Batailles, costumes, etc. 200 p.

567 — Empereurs romains, etc. 300 p.

568 **Vasari.** La Descente de croix, etc. 24 p.

569 **Vague** (Perin del). La Bataille des Titans, etc. 24 p.

570 **Vinci** (Léonard de). Livre de dessins, 30 p.

571 — La Cène, etc. 11 p.

572 **Volterre** (Daniel de). La Descente au tombeau, etc. 30 p.

573 **Zocchi.** Sujets gracieux, etc. 22 p.

574 — Les Quatre Heures du jour, les Mois de l'année et autres. 33 p.

575 — Le Carrousel de Florence et autres. 18 p.

576 — Vue de la ville de Mantoue et autres. Paysages, etc. 70 p.

ÉCOLE VÉNITIENNE

577 **Amiconi.** Jacob et Laban, etc. 21 p.

578 **Balestra.** Vierge au berceau, etc. 23 p.

579 **Bassan** (Le). Construction de l'arche de Noé, etc. 23 p.

580 **Canaletti.** Vues de Venise. 6 p.

581 **Farinati.** Phaeton, etc. 20 p.

582 **Georgion** (Le). Un Concert, etc. 31 p.

583 **Longhi** (Pietro). Les Sept Sacrements, etc. 9 p.

584 **Palma** (Jacques). Saint Jérôme, etc. 30 p.

585 **Piazetta.** Différents caractères de têtes. 16 p.

586 **Pittori.** Le Sacrifice d'Abraham, etc. 25 p.

587 **Ricci.** Le Portrait de Ricci et divers sujets, etc. 21 p.

588 **Tiepolo.** Eaux-fortes par et d'après lui. 12 p.

589 — Eaux-fortes par et d'après lui. 23 p.

590 **Tintoret** (Le). Saintes Femmes et le Christ, etc. 20 p.

591 — Le Christ descendu de la croix. 24 p.

592 **Titien** (Le). Le Portrait du maître et sujets divers. 62 p.

593 — Son portrait peint par lui-même et gravé par Augustin Carrache.

594 — Paysages gravés sur bois. 16 p.

595 — Passage de la mer Rouge, gravure en bois, etc. 25 p.

596 — Gravures en bois. Sujets divers, etc. 30 p.

597 — Danaé, etc. 25 p.

598 — Sainte Marguerite, etc. 37 p.

599 — Le Portement au tombeau, etc. 26 p.

600 — Sainte Famille, etc. 26 p.

601 **Véronèse** (Paul). Vénus désarmant l'Amour. 38 p.

602 — Le Baptême de N.-S. 18 p.

603 — L'Annonciation, etc. 21 p.

604 **Zuccharelli** (et autres). Paysages, scènes champêtres. 33 p.

605 Sous ce numéro seront vendues au commencement
de chaque vacation un assez grand nombre de pièces qui n'ont pu être cataloguées.

RENOU et MAULDE, imprimeurs de la Compagnie des Commissaires-Priseurs,
rue de Rivoli, 144.